AF452839

EX·LIBRIS
FRANC·COM·A·THVN·HOHENSTEIN
TETSCHEN

OLIVIER. *Shun*

IMPRIMERIE DE GUIL. LOUIS WESCHÉ.

OLIVIER.

PAR L'AUTEUR

D'OURIKA et D'ÉDOUARD.

> .. Dost thou ask, what secret voe
> I bear corroding joy and youth?
> In pity from the search forbear.
>
> BYRON.

A FRANCFORT s. M.,

CHEZ G. L. WESCHÉ, IMPRIMEUR-LIBRAIRE.

MDCCCXXVI.

Tetschner Bibliothek

INTRODUCTION.

Tout le monde a connu la comtesse
de R. qui vient de mourir, il y a peu
d'années, dans un âge très-avancé. Veuve
à dix-sept ans d'un vieil époux qui aurait pu être son père, elle avait, deux
ans après, dans tout l'éclat de la jeunesse et de la beauté, épousé en se-
condes noces M. le comte Olivier de R.,
que distinguaient sa naissance, sa fortune et tous les avantages personnels.
Cet hymen avait été célébré dans un
château appartenant à la famille de R.;
la société en avait été informée par des
avis très-solennellement et très-régu-
lièrement donnés; mais les parens seuls,

A

les plus proches, avaient assisté à la cérémonie, et depuis lors on n'apprit plus rien des deux époux. Seulement on sut, au bout de quelque temps, que le comte de R. avait disparu. Quelquesuns parlèrent de sa mort, d'autres de sa fuite; mais personne ne put jamais acquérir à cet égard une certitude. Madame de R., malgré sa grande fortune, encore accrue par son mariage, vivait dans la retraite la plus profonde, avec une mère fort âgée et fort infirme. La vie du château de R. était singulièrement monotone; ceux qui l'habitaient ne se révélaient au dehors que par le bien qu'ils faisaient, et les abondantes aumônes qu'ils répandaient par les mains du curé, le seul étranger qui fût admis dans leur intérieur.

La mère de madame de R. mourut. On dit qu'elle avait été consumée d'un chagrin secret. Madame de R., à peine âgée de vingt-deux ans, ne pouvait rester seule dans une retraite aussi profonde où tout d'ailleurs contribuait à attrister ses souvenirs. Elle fut obligée de revenir à Paris se placer sous la protection de sa tante, la seule parente qui lui restât. Mais, par malheur, cette dame, quoique d'un âge fort avancé, était de ces personnes qui, seules, ne veulent pas s'apercevoir qu'elles ont vieilli. Elle avait tous les goûts de la jeunesse, et son salon, ouvert pendant toute l'année, n'était pas même fermé dans les jours de l'été où Paris devient tout-à-fait désert. C'était donc là un complet changement pour madame de R. Dès qu'elle parut dans cette société, elle y fit une profonde sensation. Veuve, ou du moins passant pour telle, riche et fort agréable encore, malgré les traces visibles d'un chagrin profond, elle fut bientôt entourée d'hommages, et le fut jusqu'à en être accablée. Mais elle mit dans sa conduite une telle réserve et une mesure si parfaite que, sans blesser personne, elle sut maintenir chacun dans les termes de la convenance la plus exacte et se faire aimer autant qu'estimer. Quoique de nombreuses et brillantes propositions de mariage lui eussent été faites, elle les avait toujours repoussées avec une obstination dont on était d'autant plus surpris, qu'elle ne paraissait fondée sur aucun motif. On ne lui connaissait point d'attachement: le seul homme qu'elle parût distinguer un peu était celui qui écrit ces lignes; mais jamais il ne vint à l'esprit de personne d'en concevoir même un soupçon injurieux à madame de R.; je ne fais même cette réflexion que pour ceux qui ne me connaissent pas: ses amis et les miens savent quel lien sacré m'attachait à elle.

Dix ans environ se passèrent ainsi, sans qu'il survînt rien d'important dans la vie de madame de R. Sa position avait d'abord paru assez extraordinaire, et l'on avait long-temps cherché par tous les moyens possibles à en pénétrer le mystère; mais depuis que l'âge lui avait enlevé une partie de ses agrémens, on avait pris son parti de la laisser à ses goûts chéris de solitude et de retraite.

La révolution vint, et dispersa toute la société où vivait Madame de R. Elle se trouva seule, absolument seule, car je fus moi-même forcé de m'expatrier. A mon retour, mon premier soin fut de me rendre auprès d'elle. J'y trouvai installé un homme qu'on appelait seulement Monsieur, sans aucune autre qualification. Il portait un habit d'une extrême simplicité, mais son air et toutes ses manières étaient remplis de noblesse: quoique ses cheveux fussent entièrement blancs, ses traits paraissaient plutôt flétris par les chagrins ou les travaux, que par les années.

Habitué à recevoir les confidences de madame de R., et à ne jamais les provoquer, j'attendis qu'elle me parlât de son nouvel hôte; elle ne m'en dit pas une seule parole.

Quelques années s'écoulèrent sans que madame de R. vît, excepté moi, d'autres personnes que l'étranger. On avait pour lui les plus grands égards; il était silencieux et recueilli; il ne sortit pas une seule fois de l'hôtel pendant le séjour qu'il y fit. Il en occupait un appartement tout-à-fait isolé; un seul domestique avait le droit d'y entrer: c'était un vieux valet de chambre qui avait eu de tout temps la confiance absolue de madame de R.

Cependant la révolution avait cessé: l'ordre renaissait en France, et l'étranger disparut un jour sans que j'eusse été plus instruit de son départ que je ne l'avais été de son arrivée.

J'eus encore la même discrétion que la première fois, et je vis que madame de R. m'en savait gré. Elle me dit même quelques paroles qui me firent croire qu'elle réservait cette confidence pour un autre temps.

Depuis cette époque, son existence n'offrit rien de bien remarquable. Seulement elle recevait fréquemment des lettres, que son vieux domestique allait chercher à la poste. Les dernières qui lui parvinrent ainsi parurent lui causer un profond chagrin; peu de temps après je la vis, ainsi que toute sa maison, prendre le deuil.

Mais elle ne le porta pas long-temps, car elle fut bientôt saisie d'une maladie inflammatoire, et les médecins jugèrent que son état était sans remède. Peu de jours avant sa mort, elle me dit: „J'ai „eu un secret pour vous, mon ami; je „vous ai promis de vous le révéler; mais „ma faiblesse m'en ôte le moyen. Je „veux cependant acquitter ma parole:" alors me montrant une petite cassette qui était auprès du chevet de son lit: „Vous trouverez dans cette boîte des „papiers qui vous diront ce que j'ai tou- „jours voulu vous apprendre, sans pou- „voir m'y déterminer. Je n'ai plus que „ce moyen de vous instruire d'un se- „cret que j'aurais désiré dérober au „monde, mais que des intérêts sacrés me „commandent de ne pas anéantir avec „moi. Je confie ce dépôt à votre dis- „crétion et à votre amitié, car il ne me „regarde pas seule, il concerne encore „une autre personne......" Je vis que cette pensée l'oppressait. Elle ne put achever cette conversation ; le soir même elle n'existait plus.

Abîmé de douleur par la perte de ma meilleure amie, je ne songeai à ouvrir ce coffre mystérieux que lorsque ce soin fut devenu impérieusement né- cessaire pour l'exécution et même pour l'intelligence de l'acte qui contenait l'ex- pression de ses dernières volontés. J'y trouvai des lettres, des actes, des ex- traits, dont la lecture me causa un éton- nement inexprimable. Je compris très- bien le motif de la reserve qu'elle avoit eue pour moi, et j'avais résolu de garder éternellement le secret dont elle me rendait dépositaire. Mais le soin de sa mémoire et une affaire malheureusement trop célèbre, m'obligèrent à mettre quel- ques personnes ainsi que les magistrats d'un tribunal de province dans la con- fidence de plusieurs de ces pièces. Je fus même obligé de m'en dessaisir quelques momens, et je ne fus pas peu surpris en apprenant qu'il s'en publiait secrètement des extraits. Comme ils étaient tous d'une infidélité manifeste et défigurés de la manière la plus grossière, je crois remplir un devoir en rectifiant des erreurs accréditées par la malveillance, ou tout au moins par une ignorance maladroite qui voulait spéculer sur la curiosité publique *).

C. DE B... Y.

---

*) Les termes de ce récit, qui est de la plus exacte fidélité, sont, le plus souvent, empruntés aux lettres écrites par les personnages qui y figurent; j'ai même cru devoir rapporter textuellement ces lettres toutes les fois qu'elles m'ont paru pouvoir, sans inconvénient, entrer dans ma narration.

OLIVIER.

OLIVIER.

OLIVIER, comte de R.., venait d'obtenir du Roi le régiment de ..., objet de l'ambition de tout ce qu'il y avait de colonels. Tous les protecteurs et toutes les puissances de la cour avaient été employés en cette circonstance, et on ne fut pas médiocrement surpris, quand on apprit que la préférence avait été donnée à l'un des plus dignes, mais à l'un des moins protégés.

Lorsque la nomination fut faite, on crut découvrir qu'elle était due en grande partie à la baronne de B., qui avait un grand crédit auprès de M. de Maurepas, et qui avait pris à cette affaire un inté-rêt tout-à-fait particulier.

Parmi les compétiteurs du colonel de R., il en était un, M. le marquis de St.-H., qui, soit qu'il eût plus de droits, ou plus de justes espérances, témoignait plus haut que personne l'humeur qu'il en éprouvait, et le faisait même en termes assez injurieux pour son rival préféré. Ce dernier en fut informé, et il écrivit à M. de St.-H. qu'il serait à ses ordres aussitôt qu'il le voudrait.

La rencontre eut lieu peu de jours après; M. de St.-H. était connu par son adresse à l'escrime, et c'est un talent dont il avait eu à faire un trop fréquent usage. Olivier ne s'était jamais battu qu'à l'armée. Les deux champions étaient

dignes l'un de l'autre, mais il était évident que M. de St.-H. avait sur Olivier
l'avantage d'une plus grande habitude et
d'une main plus exercée. Aussi, ce dernier se tenait-il sur la défensive, con-
tent de parer les coups avec une grande
adresse, et surtout avec un imperturbable
sang-froid. Comme M. de St.-H. s'animait encore par la résistance imprévue
qu'il éprouvait, il fit des fautes dont
Olivier profita avec beaucoup d'habileté,
en le blessant au bras, de telle façon
qu'il lui devint presque impossible de
se servir de son épée. Il était dès-lors
à la disposition absolue de son adver-
saire, qui tout aussitôt cessa le combat.

Cette affaire avait excité une extrême
curiosité. Tous ceux dont les espérances
avaient été trompées y prenaient un intérêt fort naturel, et il est permis de
douter qu'ils aient fait des vœux bien
fervens pour Olivier. Ce fut donc avec

un étonnement mêlé de chagrin qu'ils virent l'avantage qu'il avait obtenu.

Cette aventure eut, comme on peut le croire, un grand éclat, et fit un honneur infini à celui qui en était le héros. Il devint l'objet d'un intérêt général; comme la bravoure et l'adresse dont il venait de faire preuve étaient encore rehaussées par l'attitude la plus modeste, et par ce qu'on apprit des soins dévoués qu'il avait donnés à M. de St.-H., les succès qu'il obtint ne tardèrent pas à devenir de l'engouement. Tout, à cette époque, était déjà tellement agité en France qu'il n'y avait plus de place dans les esprits pour les sentimens calmes: l'estime était bientôt de l'enthousiasme, comme le dénigrement devenait de la fureur.

Parmi les personnes qui lui furent acquises en cette occasion, le chevalier de St.-H., guéri de sa blessure, fut un

de ceux qui lui témoignèrent les plus
grands empressemens. Une étroite amitié se forma désormais entre eux, et ils
avaient en effet tout ce qui peut fonder
des liaisons durables, c'est-à-dire des
inconvéniens comme des avantages tout-
à-fait opposés.

Olivier était blond, d'une agréable
figure; plus d'une femme se serait fait
honneur de son teint. Son caractère na-
turellement lent et froid, ne s'animait
que dans les grandes occasions, mais en
quelque sorte le plus tard possible, et
son esprit ressemblait à son caractère;
rempli de connaissances, d'instruction,
il paraissait sommeiller pour ne se ré-
veiller que par intervalles. Du reste,
élégant et noble dans toutes ses manières, il possédait presque toutes les
qualités qui font un cavalier accompli,
C'était un homme duquel on aurait pu

dire, comme autrefois de M. de Longue-
ville, qu'il ne lui manquait que des défauts.

Ce n'étaient pas les défauts qui man-
quaient à M. César de St.-H., mais il
n'avait pourtant que ceux qui, prenant
leur source, dans la légèreté d'esprit,
ne sont point incompatibles avec un
bon coeur et une âme honnête. César
était aussi impétueux et aussi bouillant
qu'Olivier était flegmatique et réfléchi.
L'un parlait et agissait même souvent
avant d'avoir pensé; l'autre semblait
être, au contraire, livré à une médita-
tion et à une incertitude continuelles.
Dans la plupart des actions de leur vie,
l'un était la tête, l'autre le bras, et tous
deux s'étaient souvent fort bien trou-
vés de cette association.

La confiance était entière et réci-
proque entre les deux amis.... excepté
sur un point, sur le chapitre de leurl

amours. César racontait tout en ce genre à Olivier, et il amplifiait même plutôt qu'il ne retranchait; Olivier au contraire était en cela d'une grande réserve et mystérieux à l'excès. César l'en plaisantait souvent, il l'en grondait même quelquefois; mais comme il prenait ce silence pour une discrétion exagérée, son amitié ne s'en offensait pas. Autant Olivier était secret à cet égard, autant César était inconséquent et léger. Son bonheur amoureux aurait même perdu la moitié de son prix si le monde n'en eût point été informé, aussi avait-il grand soin de faire en sorte qu'on n'ignorât aucun de ses trophées. Il tenait très-exactement état de toutes les lettres qu'il recevait; il les faisait copier soigneusement avec dates, apostilles, tables et commentaires sur un registre particulier. Il avait sur ce point et, dit-on, sur ce point seul, un ordre véritablement admirable, disant que cela le mettait fort à son aise lorsqu'il fallait en finir. Il citait avec complaisance tous les tours qu'il avait faits, ne se faisant aucun scrupule d'orner un peu la vérité. Il lui arrivait même quelquefois de s'emparer des anecdotes anonymes qu'il recueillait, pour peu qu'elles lui parussent piquantes, et à force de les répéter, il finissait par se persuader qu'elles étaient devenues sa propriété. C'est peut-être dans ce nombre qu'il faut placer une de celles qu'il racontait avec le plus de plaisir et dont il était le plus fier. Il avait eu, disait-il, une correspondance de deux mois avec une personne dont il avait essayé et fait la conquête par vengeance. Il en avait reçu plus de cinquante lettres auxquelles il avait répondu sans les ouvrir, et lorsque l'explosion arriva il eut la satisfaction bien douce de pouvoir les lui renvoyer comme il les avait reçues, c'est-à-dire toutes cachetées.

Chacun appréciera de semblables pro-cédés selon ses impressions particulières. Certes, de nos jours, ils seraient jugés plus sévèrement qu'à l'époque dont nous parlons, mais alors ils étaient sinon excusés, du moins expliqués par l'ex-emple. On les blâmait peut-être tout haut, mais on en riait tout bas, et quel-ques-unes des femmes qui avaient le plus crié à l'horreur, se disaient qu'il fallait avoir un mérite bien particulier pour être en droit de tenir une semblable conduite. On assure même que plusi-eurs, après avoir témoigné la plus bruyante indignation contre les regis-tres et les copies certifiées, sont ve-nues elles-mêmes grossir le volume de ces archives amoureuses.

A cela près, M. de St.-H. était, sur tout le reste, un homme d'honneur et

d'une délicatesse accomplie. On a parlé
de sa bravoure; elle n'était surpassée
par aucune autre; il était même suscep-
tible d'application à des affaires séri-
euses. Il avait quelque temps résidé,
en qualité de cavalier d'ambassade, auprès de son oncle, envoyé de France
à.... et il avait su prendre assez d'empire sur lui-même pour réussir on ne
peut davantage au milieu d'une nation
sérieuse et réfléchie: il y avait soutenu
de la manière la plus distinguée le caractère du véritable gentilhomme fran-
çais.

Nous avons dit comment l'amitié la
plus vive s'établit entre ces deux jeunes
gens. Olivier blâmait souvent César de
sa conduite, et ce dernier plaisantait
son ami sur sa sagesse digne des temps
antiques, mais qui, selon lui, était pres-
qu'un travers à l'époque où ils vivaient.
,,Crois-tu, disait Olivier, trouver le bon-

„heur dans toutes ces dissipations? —
„Le bonheur? je ne sais, mais le plai-
„sir à coup sûr, et rien n'approche plus
„du bonheur que le plaisir. — Rien n'en
„est plus loin, mon ami, car le vrai
„bonheur n'existe que dans l'accomplisse-
„ment de tous les devoirs, et le plaisir
„ne se trouve guère que dans leur vio-
„lation. — Eh! crois-tu donc en dégoû-
„ter par là? — Non pas des étourdis
„comme toi; mais la raison te viendra
„peut-être quelque jour, et tu seras alors
„de mon avis. — Cela m'étonnera bien
„moi-même; dans tous les cas, je tâche-
„rai que ce soit le plus tard possible."

Leurs entretiens roulaient souvent
sur le mariage. Olivier s'en montrait
tout-à-fait le partisan en théorie, tandis
que César en était l'ennemi déclaré. „Si,
„comme on n'en saurait douter, le vé-
„ritable amour ne peut naître que de
„l'estime, disait Olivier, comment le

„concevoir hors des liens du mariage?—
„Il serait fort doux sans doute de pou-
„voir estimer ce qu'on aime, mais il
„n'est pas toujours aussi aisé d'aimer
„ce qu'on estime, et d'ailleurs l'amour
„est-il un sentiment qui raisonne?—
„C'est aussi là ce qui fait qu'il est la
„cause de tant de folies, bien plus de
„la plupart des malheurs des hommes.
„Eh! combien n'en avons-nous pas vu
„dont il a causé la ruine et changé
„toutes les destinées? combien de fois
„n'a t-il pas arrêté l'essor du talent,
„du génie même? qui ne sait les maux
„qu'il a causés, les désordres qu'il a
„produits? — Et pourquoi ne pas par-
„ler des vertus qu'il a inspirées? —
„Parcequ'elles ne sont que des excep-
„tions, et que tout autre enthousiasme
„dans un coeur noble les aurait égale-
„ment fait naître. — Que de belles ac-
„tions n'a-t-il pas produites? — Que de

„crimes n'a-t-il pas enfantés? — Il élève
„l'âme. — Il abaisse la raison. — Il
„exalte l'esprit. — Il flétrit le coeur. —
„Il enflamme. — Il dévore." Eh! qui
songe à nier le pouvoir de l'amour,
continuait Olivier; mieux que personne
peut-être je connaîs toute sa puissance,
(et il disait ces mots avec un accent
particulier) „mais ne peut-on le conce-
„voir que dans des liens illégitimes que
„le bon ordre et la société désavouent?
„Oui, le véritable amour n'est que dans
„le mariage, et peut-on alors imaginer
„quelque chose au monde de plus doux?
„— Oui s'il pouvait exister, mais rien
„n'est plus rare que d'en trouver des
„exemples, depuis que l'hymen est de-
„venu un arrangement d'ambition pour
„les familles, une spéculation comme
„une autre, où celle des convenances
„qu'on consulte le moins est celle des
„époux l'un pour l'autre. Dès que le

„mariage devient un devoir, il ne peut
„tarder à devenir une chaîne. — Et
„l'amour n'en est-il pas une souvent
„bien plus pesante encore? — Mais
„celle-là du moins, elle est toujours
„supportable, parcequ'elle est volon-
„taire."

Ainsi raisonnaient les deux amis, et
chacun mettait fort exactement en pra-
tique les préceptes qu'il professait. César faisait tout pour mériter chaque
jour davantage sa réputation qui était
presque arrivée au point de ne pouvoir
plus croître. La constance était devenue
pour lui un être de raison; il ne trouvait plus de bonheur que dans le changement, et telles étaient les mœurs de
cette époque, qu'on n'attirait sur soi
aucun blâme tant qu'on ne trompait
que... des femmes.

Quant à Olivier, son existence était
toute différente; quoiqu'il vécût au mi-

lieu de la société, on n'avait pas remarqué qu'il eût encore formé aucune
sérieuse liaison de cœur. On avait un
moment parlé de ses rapports avec la
baronne de B.; on avait dit que cette
dame n'avait été rien moins qu'étrangère
à son avancement; mais comme, depuis
cette époque, elle paraissait aussi dé-
clarée contre lui qu'elle lui avait été
autrefois favorable, comme elle se per-
mettait même sur son compte d'assez
amères ironies, tous les discours qui
avaient été tenus étaient maintenant
tombés, et personne ne pouvait nommer
une femme à laquelle on pût même soupçonner qu'il eût adressé des hommages
particuliers. Sa rigidité de principes
était connue, et l'on trouvait même
quelquefois qu'elle allait jusqu'à la ru-
desse. Ainsi, quoiqu'il aimât beaucoup
la société des femmes, il professait un
profond dédain pour celles qui étaient

seulement soupçonnées d'avoir eu quelque faiblesse. Jamais il ne leur eût
adressé une seule parole, tandis qu'il
montrait les empressemens les plus vifs
pour celle dont la vie était sans re-
proche. Les jeunes personnes étaient
aussi l'objet de son culte particulier.
Alors sa conversation, ordinairement
froide et sérieuse, s'animait comme par
enchantement; il déployait toutes les
grâces et toutes les ressources de son
esprit qui étaient infinies et tandis que
les prudes et les coquettes lui établis-
saient une réputation de pédantisme et
d'impertinence, les femmes de bien et
les femmes âgées faisaient de lui des
éloges sans fin et sans mesure; mais
comme les propos légers et mondains
font plus de bruit et de chemin que les
éloges, et qu'il existe dans une foule
d'esprits une disposition naturelle à con-
sacrer un ridicule, Olivier passait pour

une espèce de sauvage, ou au moins pour
un homme à part, dont les mœurs et les
habitudes étaient celles d'une autre
époque.

Il en était tout autrement pourtant
que le monde ne le croyait, et cet homme
en apparence froid et insensible, éprouvait tous les sentimens d'un amour d'autant plus violent qu'il était plus secret
et plus concentré.

Cependant César, que jusqu'alors aucun attachement n'avait pu fixer, avait
tout d'un coup perdu sa pétulance et
son éclat. Il avait vendu sa petite maison de la rue de Popincourt; il n'était
plus d'aucuns soupers; à peine le voy-
ait-on au spectacle, et s'il y allait encore quelquefois, ce n'était plus comme
jadis, pour y être remarqué, c'était au
contraire avec un sentiment très-visible
de crainte d'y être aperçu. Caché der-
rière une colonne ou dans une place

obscure, il paraissait y être dans une
contemplation inquiète, mais beaucoup
moins pour ce qui se passait sur la
scène, que pour ce qui se passait dans
la salle. On répandait partout qu'il était
sérieusement amoureux, et pour échapper aux plaisanteries dont il était l'objet, il avait pris le parti d'une retraite
absolue. Olivier lui-même ne le voyait
qu'à de rares intervalles; il était évident
qu'il se passait en lui quelque chose de
nouveau. Olivier, avec toute la discrétion habituelle de son caractère, mais
avec toute la chaleur de son amitié, l'a-
vait quelquefois pressé de questions.
Alors César affectait de détourner l'en-
tretien, et Olivier n'insistait plus. Enfin, un jour qu'il entrait chez son ami,
il en vit sortir un homme qu'il connaissait pour appartenir à la baronne de B.,
et qui était chargé de sa confiance particulière. Olivier en fit la remarque à

César qui fut tout-à-coup saisi d'une si grande confusion et couvert d'une telle rougeur, qu'un aveu formel n'aurait pas été plus expressif, César voulut cependant balbutier quelques paroles d'explication, mais elles étaient si gauchement exprimées, qu'Olivier crut devoir venir à son secours en changeant de conversation; et il se retira non sans faire de profondes réflexions sur la faiblesse humaine, et sur la facilité avec laquelle un homme qui s'était joué du repos de tant de femmes estimables, tombait tout à coup dans les fers d'une des coquettes les moins séduisantes et les moins faites pour captiver un honnête homme.

La baronne de B. était reçue dans la meilleure société. Belle autrefois, elle avait depuis long-temps passé l'âge de la jeunesse, mais elle se soutenait encore par un art infini dans sa toilette et dans l'ajustement de toute sa personne. Pendant qu'elle était jeune encore, toutes les malices de son esprit, ses perfidies, ses trahisons, avaient presque paru des grâces, et la supériorité qu'elle avait par sa beauté la rendait plus indulgente et plus disposée à la bienveillance; mais depuis que ses charmes étaient un attrait moins puissant, elle avait cherché à gagner par son esprit ce qu'elle perdait en avantages extérieurs. Son savoir était devenu du pédantisme, ses malices des méchancetés, ses envies de plaire une jalousie féroce, et ses grâces des grimaces. Fort sévère à l'égard des autres femmes, elle passait pour l'avoir été envers elle-même, et elle accréditait cette renommée par un rigorisme tellement excessif, qu'elle était devenue une espèce de casuiste féminin dont les arrêts étaient souverains.

Telle était la femme qui avait en-
chaîné la liberté d'un des gentilshommes
les plus agréables et les mieux faits, de
l'un de ceux surtout qu'il paraissait le
plus difficile de fixer. Etrange destinée
des hommes de ce caractère, qui fait
qu'ils se laissent ainsi prendre à des
piéges si peu dangereux qu'un écolier
les eût évités! Ne faut-il pas cependant,
tout en les plaignant, reconnaître cette
justice éternelle qui les pousse ainsi
vers un écueil où ils ont eux-mêmes
attiré tant de victimes.

Cependant, par un changement assez
étrange, madame de B. semblait, depuis
quelque temps, rechercher Olivier avec
autant de soin que César paraissait en
mettre à le fuir: elle se rendait partout
où elle pouvait avoir l'espérance de le
rencontrer, et avait pour lui des préve-
nances qui devaient surprendre d'autant
plus, qu'elle avait agi précédemment

d'une manière complètement opposée. C'était pour lui seul qu'elle adoucissait la disposition satirique de son esprit, et il était évident qu'elle voulait se l'acquérir pour ami ou plutôt pour allié.

C'était mal connaître Olivier, et tous ces efforts eurent un effet complètement inverse de celui qu'elle en espérait. Olivier cherchait un motif à tant d'attentions et savait qu'il ne pouvait être bon; mais il ne pouvait le découvrir, tant il était loin de soupçonner la vérité, lorsqu'il apprit dans le monde qu'on parlait du mariage prochain de M. César de St.-H. avec madame Ernestine de B.

A cette nouvelle, Olivier stupéfait éprouve les plus vives angoisses. Il ne peut laisser s'achever cet hymen, et connaît trop bien ceux qu'il doit unir pour ignorer à quel point il convient peu à son ami. Il a pour le rompre un moyen qu'il regarde comme sûr, mais dont l'emploi est délicat et peut être dangereux pour lui-même, surtout avec une femme du caractère de madame de B. Il a conservé plusieurs lettres d'elle écrites dans la confiance d'une complète intimité, et qui prouvent que la sévérité de principes dont elle se vante s'est humanisée au moins une fois.

Mais fera-t-il usage de ces lettres? Outre sa répugnance bien naturelle pour un pareil procédé, il sait combien cette révélation exciterait la haine de madame de B., qui n'était contenue dans le sentiment d'aversion qu'elle avait contre lui que parce qu'elle savait qu'il avait sur elle cet avantage; mais une fois qu'il en aurait fait usage, le courroux de la Baronne n'aurait plus de bornes, et il avait toujours paru avoir des raisons de le redouter beaucoup.

Il n'hésite pas cependant, et se rend chez son ami. César est absent; César,

dit-on, ne rentrera pas de la journée.
„Je l'attendrai donc, dit Olivier, jusqu'à
„ce qu'il soit de retour, dussé-je passer
„la nuit et coucher sur une chaise.“
Ces paroles semblèrent déconcerter un
peu le valet de chambre à qui elles s'a-
dressaient. Il entre dans une des pièces
écartées de l'appartement, et peu d'ins-
tans après César lui-même arrive, tout
confus, en disant que ses ordres avaient
été mal compris ou mal exécutés. Olivier, sans ajouter à son embarras et lui
prenant la main avec une affection tendre: „Vous vous éloignez de moi, mon
„ami, vous me fuyez quand vous avez
„peut-être plus que jamais besoin de
„mes conseils. Je vous ai laissé à votre
„isolement tant que j'ai cru votre pas-
„sion pour madame de B. une flamme
„passagère, qui s'évanouirait comme tant
„d'autres ardeurs que vous avez éprou-
„vées; mais la durée de celle-ci, son ca-

„ractère particulier et certains bruits de
„mariage qui se répandent, ne me per-
„mettent pas de garder un plus long si-
„lence, et je viens vous demander à
„vous-même César, ce que je dois pen-
„ser de tout ce qui se passe. Je puis
„vous pardonner de vous séparer d'un
„monde pour lequel vous étiez fait, du
„meilleur ami que vous ayez sans doute;
„mais, ne fût ce que par intérêt pour
„vous, ne contractez pas, je vous en
„conjure, un lien qui ne vous convient
„sous aucun rapport. — Il faut être bien
„désoeuvré, répondit César, pour s'oc-
„cuper autant de moi, et bien méchant
„pour noircir la réputation d'une per-
„sonne aussi distinguée que celle dont
„on parle si légèrement. — Il me semble
„que je ne vous ai encore rien dit de
„sa réputation, César, ni de tout ce
„qu'on en répand à tort ou à raison:
„mais vos paroles même me prouvent

„que mon opinion sur elle est celle qu'en
„ont aussi bien d'autres que moi, et que
„vous n'ignorez pas ce qu'on en pense.
„Seulement j'ai peut-être plus de raisons
„qu'un autre de savoir à quoi m'en tenir
„sur son compte. — Plus de raisons!
„Qu'entendez-vous par-là, s'écria César
„avec feu; expliquez-vous, je vous prie,
„et ne vous rendez pas ainsi l'écho de
„toutes ces calomnies qu'il n'appartient
„jamais à un homme d'honneur d'ac-
„cueillir sans preuve. — Dans toute autre
„situation que celle où nous nous trou-
„vóns, ces paroles auraient pour moi
„une autre valeur que celle que je leur
„donne et un autre effet que celui qu'elles
„produiront; elles auraient pu terminer
„notre amitié par les mêmes moyens
„qui l'ont commencée. Mais je vous ar-
„rêterai sur-le-champ en vous disant que
„les mots injurieux prononcés par vous,
„quelle qu'en ait été l'intention, ne peu-

„vent en aucune manière s'appliquer à
„moi. Vous avez parlé de ceux qui ca-
„lomnient en accusant sans preuves: je
„ne suis pas dans ce cas, puisque j'ai
„entre les mains les preuves écrites de
„tout ce que j'avance. — Ecrites, dit Cé-
„sar avec un mouvement convulsif, cela
„est impossible. — J'aurais voulu, pour
„vous et pour moi, que vous vous fussiez
„épargné des expressions qui finiraient
„par avoir trop de gravité si je ne les
„arrêtais pas bien vite. Puisque vous
„semblez douter de moi et de ce que
„j'avance, lisez." Et lui remettant alors
quelques lettres qu'il portait avec lui:
„Lisez, vous dis-je, cette écriture est
„celle de la Baronne, et c'est à moi, à
„moi-même qu'elle écrit." César, saisi
d'un tremblement soudain, essaya pendant quelque temps de lire, bien que le
trouble qu'il éprouvait lui permît à
peine de rien distinguer. La confusion

et le désespoir rougissaient et pâlissaient
alternativement son visage pendant cette
scène. Lorsqu'enfin il eut achevé, se
jetant au cou d'Olivier et fondant en
larmes: „O mon ami, dit-il, quelle
„femme j'allais épouser! — Quoi! mon
„pauvre César, il est donc vrai, et c'est
„de votre bouche même que je l'entends!
„— Que vous dirai-je, mon cher Olivier?
„elle m'avait enlacé avec tant d'adresse;
„elle avait su prendre sur mes volontés
„un tel empire par l'opinion qu'elle
„m'avait inspirée de sa sagesse et de sa
„vertu; elle m'avait enfin tellement sub-
„jugué, que, hors mon amitié pour vous
„qu'elle avait vainement essayé de com-
„battre et d'altérer, elle avait su me ré-
„duire à ne penser que par elle, à ne
„voir que par ses yeux et à n'agir que
„par son impulsion. — Je ne m'excuse
„à mes yeux de vous avoir ainsi mon-
„tré sa perfidie que par la nécessité où

„vous m'avez réduit; mais que ce secret
„resté à jamais enseveli entre nous.
„Faites en sorte de vous détacher d'elle
„insensiblement; mais surtout que mon
„nom ne soit jamais prononcé par vous
„dans les débats orageux qui doivent
„suivre votre séparation. Comptez-y;
„mais dites-moi, je vous prie, quelle
„est la nature des torts qu'elle vous re-
„proche dans les dernières de ses lettres.
„Il faut qu'ils soient bien grands pour
„mériter tout le courroux dont elle vous
„accable. — Ah! dit Olivier avec une
„espèce d'embarras mal déguisé, c'est
„ce que je ne saurais vous expliquer
„dans ce moment; mais oubliez cette
„dernière lettre, et jugez seulement par
„les autres de ce que pourrait être, comme
„épouse, une femme qui, après s'être
„abandonnée avec si peu de réserve et
„de modestie, outrage avec une aussi
„horrible violence ce que la veille elle

„adorait encore.“   César, confus, pensif
et humilié, avait les yeux fixes, la tête
immobile, et regardait sans voir, quand
sortant tout-à-coup de cette espèce de
léthargie: „C’en est fait, dit-il, ma ré-
„solution en est prise, n’y songeons plus,
„soyons homme!“ Il embrassa de nouveau son ami avec effusion, et ils se sé-
parèrent.

Depuis ce jour, les deux jeunes gens
ne s’étaient pas vus, et Olivier, assez
impatient d’apprendre le résultat de la
scène qui se préparait, devait croire
que la rupture avait eu lieu, quand il
reçut un billet imprimé annonçant que
M. le comte César de St.-H. était ma-
rié à Madame la baronne de B., et que
la bénédiction nuptiale leur avait été
donnée le jour même en l’église de Saint-
Philippe du Roule. Du reste, pas une
ligne de la main de César, et seulement

un billet particulier de la baronne de B.,
lequel était ainsi conçu :

„Je sais trop le plaisir que vous cau-
„sera mon mariage avec M. de.... pour
„n'être pas très-empressée de vous en
„donner avis. Je n'ignore pas toute la
„part que vous y avez prise, et je se-
„rais trop ingrate si je n'en gardais pas
„une reconnaissance éternelle. Vous
„pouvez joindre ce billet à ceux que
„vous possédez ; il augmentera une col-
„lection dont vous avez fait un si digne
„et surtout un si utile emploi.“

Il n'était pas difficile de comprendre
tout ce que ces mots renfermaient de
haine et de menace ; mais le chagrin
qu'en eut Olivier le rendit inaccessible
à tout autre sentiment. Il ne tarda pas
à éprouver les funestes effets de la vengeance qui lui était annoncée, car il
perdit tout-à-fait son ami. Il n'entendit
plus parler de César, et cette peine,

l'une des plus vives qu'il ait ressenties, laissa dans son âme une impression de tristesse qui ne s'est jamais effacée.

Hélas! il fut bientôt, à son tour, vengé d'une manière bien cruelle: trois mois s'étaient à peine écoulés qu'il reçut de César un billet ainsi conçu:

„Vous aviez raison, et trop raison, „mon cher Olivier; je suis le plus mal- „heureux des hommes, et pour comble „de maux, j'ai mérité mon malheur. Je „fuis la France, et je n'y regrette que „vous; soyez heureux, mais vous avez „au monde une ennemie irréconciliable, „et pour surcroît de fatalité, elle porte „mon nom. Elle paraît avoir sur vous „des avantages dont elle cherchera cer- „tainement à profiter, et son esprit mal- „faisant n'est que trop ingénieux à nuire: „je crains qu'elle ne cherche à se venger „sur vous du mal qu'elle m'a fait et de „celui qu'elle ne pourra plus me faire.

„Méfiez-vous d'elle et de sa haine, c'est
„le seul et dernier avis que puisse vous
„donner votre ami, qui serait bien cou-
„pable s'il n'était encore plus à plain-
„dre."

César.

Olivier apprit, peu après cette lettre
reçue, et par les gens que César avait
congédiés, qu'il était parti pour aller
servir comme volontaire dans l'armée
du général Rochambeau. Depuis lors,
on n'en a plus jamais entendu parler.

Cependant les prédictions et les me-
naces de madame de B. n'avaient pas
été vaines. Peu de jours après le départ
de son mari, elle avait recommencé à
aller dans le monde, et cette inconve-
nance avait été généralement sentie. De
plus, au lieu de donner, sur l'absence
de M. de St.-H., des raisons dont on
pût être satisfait, elle s'en expliquait
avec une légèreté et une indifférence

qui paraissaient choquantes à l'excès. Peut-être y aurait-il quelque exagération à dire que l'acharnement de sa haine pour Olivier l'aveugla au point de lui faire abandonner la réserve politique qu'elle avait gardée si long-temps, et qui lui avait d'abord si bien réussi; mais il paraît certain que c'est l'impatience de son ressentiment qui l'entraîna à braver comme elle le fit tous les usages reçus, en se montrant dans la société où elle ne pouvait faire un pas sans exhaler contre lui son courroux, dont l'expression constante et monotone devenait véritablement fatigante. La méchanceté ne trouve d'écho que lorsqu'elle est habile, et elle cesse d'être habile quand elle est opiniâtre. On ne sait si madame de B. parvint à ranger beaucoup de femmes dans son parti, mais on peut assurer que fort peu d'hommes marchèrent sous sa bannière. Quelques-uns d'abord, soit politesse pour elle, soit mauvaise disposition pour l'objet de sa fureur, voulurent essayer de joindre leurs clameurs aux siennes ; mais Olivier eut avec eux, et surtout avec l'un d'eux, une explication qui ôta pour long-temps aux plaisans l'envie de s'occuper de lui, et même il eut la satisfaction de voir qu'on fermait à madame de B., par des froideurs marquées, plusieurs maisons où il continuait d'être reçu avec le plus vif empressement.

Pendant ce temps, elle entourait son ennemi d'une surveillance telle que toutes ses actions lui étaient connues, que souvent ses lettres lui parvenaient ouvertes, et que M. Lenoir n'avait pas à beaucoup près une police aussi exactement servie ; mais comme rien ne faisait redouter à Olivier cette inquisition, il la supporta assez long-temps d'assez bonne grâce, ne voulant pas donner à cette femme le petit plaisir de penser qu'il pût en être seulement impatienté.

Il avait ardemment désiré de partir pour aller retrouver et consoler le pauvre César; mais telle était alors, comme toujours, l'impatience guerrière de la jeune noblesse, qu'il ne put absolument obtenir la faveur de s'aller battre, et qu'il fut contraint de rester à Paris où son régiment était en garnison.

Ne trouvant dans l'intimité d'aucun de ses amis les douceurs que lui procurait celle de César, ne pouvant non plus supporter une solitude qui lui faisait plus cruellement sentir le malheur de sa perte, il se répandit dans le monde et rechercha particulièrement la société des femmes. Il y fut trop bien accueilli pour ne pas s'y plaire, mais il évitait avec un soin prudent tout ce qui pouvait ou les compromettre à cause de lui, ou l'engager auprès d'elles dans ces

relation d'une amitié à laquelle on re-
fuse de croire lorsque l'objet en est une
belle personne, et qui en effet forment
souvent des liens qu'on noue sans le
vouloir, mais qu'on ne peut plus bri-
ser alors qu'ils sont devenus pesans.
Également poli pour toutes, il ne mar-
quait de préférence pour aucune, parcequ'il n'en avait effectivement pas. Aussi
était-il malheureux; un vide affreux entourait toute son existence et en em-
poisonnait le cours!

Cet état cependant ne devait pas du-
rer. La jeune marquise de Nanteuil re-
paraissait dans le monde après une retraite de deux ans qu'elle avait faite à
la suite de la mort de son vieux mari.
Elle avait eu pour lui les soins les plus
empressés, on n'oserait pas dire les plus
tendres, mais on s'accordait à reconnaître
qu'une fille n'aurait pas eu pour son père
chéri plus d'égards et d'attachement.

D

Veuve avant vingt ans, douée de tous les avantages extérieurs et de tous les dons de l'esprit, elle était surtout recommandable par une vertu d'autant plus méritoire qu'elle avait été plus éprouvée. Jamais cependant la simple médisance n'avait osé s'exercer sur elle. Les soins qu'elle donnait à une vieille mère qui lui restait, et la culture des beaux-arts pour lesquels elle avait autant de goût que de talent, étaient ses uniques occupations. Elle faisait le plus noble usage de la fortune que son mari lui avait laissée, et elle disait tout haut qu'elle croyait devoir à la reconnaissance qu'elle lui avait vouée, de rester veuve pour ne pas perdre le nom qu'il lui avait donné. C'était là d'ailleurs, à ce qu'elle croyait, une des conditions tacites de ces libéralités envers elle.

Dès les premiers momens de son veuvage, elle avait su, par des discours

où le sérieux et l'enjouement se trou-
vaient agréablement mêlés, écarter l'es-
saim toujours actif qui bourdonne autour d'une femme jeune et belle, surtout
quand à toutes ses qualités elle unit l'a-
vantage d'être libre, et complètement
maîtresse d'elle-même. Chacun avait été
bientôt découragé; et comme l'amour ne
naît guère ordinairement sans quelqu'ombre d'espoir, madame de Nanteuil avait
été promptement délivrée des importu-
nités.

Comment arrive-t-il que de tous les
moyens de plaire dans le monde, l'un
des plus sûrs soit cependant l'un des
moins usités ? C'est en général par des
empressemens ou par des propos flat-
teurs qu'on cherche à se rendre agréable
auprès des femmes; c'est par l'opinion
qu'on cherche à leur inspirer de son
esprit ou de son mérite qu'on entre-
prend habituellement de les charmer.

Ces moyens, vieux comme la galanterie
même, ont pour eux la consécration de
l'usage et leurs droits d'ancienneté; mais
il en est un autre bien plus simple et
bien plus puissant à la fois, c'est de
faire précisément le contraire. Isolez-
vous des femmes qui sont l'objet de l'u-
niversel hommage; n'ayez pour elle que
les égards d'une politesse exacte, mais
froide, vous êtes au moins assuré d'en
être distingué. Si à cela se joint en
vous quelque mérite, leur vanité devien-
dra votre auxiliaire obligé, et ce sentiment ainsi excité fera constamment plus
que n'eût fait jamais la reconnaissance.
Voilà le moyen; peu de gens l'emploie-
ront encore, même en le connaissant; il
a cependant pour lui de nombreux exemples et de hautes autorités.

Soit calcul, soit instinct naturel, soit
entraînement involontaire, c'est là précisément ce que fit Olivier à l'égard de

la jeune marquise de Nanteuil. Pendant qu'une foule de papillons dorés voltigeaient autour d'elle afin de s'en faire remarquer, Olivier semblait s'en occuper moins que de toute autre. Attiré près d'elle par un invincible attrait, il ne lui parlait cependant jamais, et n'adressait la parole qu'aux personnes qui l'approchaient le plus : quoique sa conversation tout entière lui fût destinée, ce n'était cependant point à elle qu'il l'adressait et pendant qu'il paraissait ne la voir ni l'entendre, ses regards, toutes les facultés de son esprit et de son âme étaient employés à suivre ses moindres mouvemens, à interpréter jusqu'à ses mots, jusqu'à ses gestes les plus insignifians. Il est une foule de jeunes étourdis qui, pour se dédommager des conquêtes qu'ils ne font pas, par celles qu'ils veulent avoir l'air de se donner, affectent de parler mystérieusement aux femmes et

de sourire en leur disant des riens avec
un air de secret et d'intelligence. Lorsque quelques-uns d'eux s'approchaient
ainsi de madame de Nanteuil, Olivier
en éprouvait un tourment qu'il ne pouvait cacher qu'avec peine; il était tenté
de venir se jeter à leur traverse; il eût
été ravi de trouver une occasion de leur
faire une querelle et de les provoquer.

Cherchant tout les moyens de voir
madame de N., il avait pris en face de
son habitation, et sous un nom supposé,
un logement d'où il l'apercevait chaque
jour quand elle prenait le plaisir de la
promenade dans son jardin. Il pouvait
ainsi du haut de cet observatoire, deviner ce qu'il avait intérêt de savoir
par les combinaisons et les rapproche-
mens. Ainsi l'arrivée et la sortie des
voitures, la durée des visites, les dé-
marches même des gens de l'hôtel; tout
était pour lui sujet de remarques et de

réflexions qui ne faisaient qu'ajouter
encore à sa passion.

Ceux qui savent combien est ingé-
nieuse l'imagination d'un amant, con-
cevront sans peine tout ce qu'il pouvait
découvrir par ce moyen. Ceux qui ont
aimé sentiront facilement la douceur et
le charme qu'il trouvait dans cette occu-
pation de ses plus précieux momens.
Il ne s'était cependant pas borné là; il
avait appris que madame de N. venait
de perdre un cocher, et tout aussitôt il
conçut l'idée de le faire remplacer par
un de ses gens dont il avait souvent
éprouvé l'intelligence, et qui n'était pas
connu pour être à lui. Gervais se pré-
senta, fut accepté, et depuis ce temps,
Olivier n'ignora presque plus rien de
ce qu'il voulait savoir. Quelques personnes trouveront peut-être un pareil
procédé blâmable; mais si le mérite d'une
action se doit apprécier par son inten-

tion, elles excuseront peut-être celle-ci par son motif.

Lorsque la nuit avait chassé Olivier de sa retraite, il courait se montrer dans le monde, et de préférence dans les maisons où l'on se réunissait le plus, afin qu'il fût bien connu qu'il avait été vu, et qu'on ne lui demandât pas compte de son absence; puis, comme il savait toujours à l'avance l'emploi des soirées de madame de N., il se trouvait toujours avant elle dans les lieux où elle devait aller; et de cette façon ses assiduités ne pouvaient guère être remarquées que par celle qui en était l'objet.

Quand madame de N. ne sortait pas de chez elle, ou dès qu'elle y était rentrée, il suivait du dehors les mouvemens variés des lumières, et par la combinaison de ce qu'il savait à l'avance avec ce qu'il pouvait voir, il trouvait ou croyait trouver l'explication de tout ce qui se

passait à l'intérieur. Si dans la pièce
la plus reculée de l'appartement, la clarté
redoublait tout-à-coup, c'est qu'Émilie
était dans son boudoir, réduit favori
pour elle, lieu de recueillement et de
réflexion; si cette clarté se rapprochait
des croisées, c'est qu'Émilie était à son
secrétaire et qu'elle écrivait; alors l'imagination d'Olivier, pénétrant à travers
les vitres, lui faisait deviner les mots
qu'elle traçait par le temps du séjour
du flambeau à la même place; s'il y de-
meurait plus longtemps que de coutume,
la jalousie s'emparait de son âme: elle
écrivait à un rival, à un rival préféré;
il le connaîtrait, le provoquerait, et peut-
être.... Mais la lumière s'était-elle éloi-
gnée, le courroux d'Olivier s'éloignait
avec elle; le bruit des sonnettes, celui
des portes qui s'ouvraient et se fer-
maient, un mouvement général dans
toutes les dépendances de la chambre à

coucher annonçait qu'on s'occupait des préparatifs de la nuit. Le calme succédait à cette agitation, les lumières disparaissaient tour à tour, et il ne restait plus qu'une lueur presque imperceptible qui pénétrait à peine à travers les rideaux fermés, et qui seule allait veiller auprès d'Émilie ; lorsqu'enfin tout était calme, silencieux, Olivier s'éloignait, il s'éloignait lentement, avec peine, puis souvent revenait encore, comme pour dire un dernier adieu à des murs chéris, et il n'abandonnait celle qui les habitait que lorsqu'il l'avait en quelque sorte confiée au sommeil, comme au seul rival dont il ne fût pas jaloux.

Heureux momens ! heures d'enchantement et de souffrance, est-il dans la vie quelque bonheur qui puisse valoir jamais les peines et les tourmens de l'amour !

On ne saurait se faire une idée de tous les soins que prenait Olivier pour ménager d'agréables surprises, à celle qui était l'objet de sa discrète tendresse. C'était chaque jour quelques nouvelles galanteries d'autant plus délicates qu'elles paraissaient provenir d'une invisible main et que leur auteur semblait s'en cacher comme d'une méchante action.

Cultivant avec succès presque tous les arts, Émilie les aimait tous. Greuze, qui était alors dans l'éclat de son talent, venait de terminer son tableau de l'Accordée de village: il était alors le peintre à la mode, et c'était un rare avantage, une faveur même que d'obtenir à grand prix un tableau de ce maître célèbre. Émilie avait surtout pour lui une admiration particulière, et s'en était exprimée avec un vif enthousiasme au sujet de sa dernière production. Peu de jours après, elle trouva sur son chevalet la charmante Laitière de ce peintre, chef-d'oeuvre de grâce et de vérité.

C'était une mode, une fureur que ces jolis chiens d'Écosse dont la race, fort rare alors, est devenue depuis assez commune. Un jour, le plus petit et le plus joli de ces animaux se trouve blotti à ses pieds: il portait à son cou un collier d'or, sur lequel étaient écrits quatre vers anglais dont l'idée était une allusion délicate aux sentimens de celui qui l'envoyait *) Chaque matin ses appartemens se parfumaient de fleurs les plus fraîches et les plus nouvelles. La première rose qui fleurissait lui était destinée, et si quelque plante exotique était introduite dans nos climats, elle

---

*) Such foward airs, so pert, so smart
   Are sure to win his lady's heart;
   How pretti was fawning way thine!
   How different is thy case and mine.

allait tout de suite parer sa terrasse ou son parterre. En vain avait-elle voulu se soustraire à tous ces empressemens; comment s'en plaindre; comment les empêcher puisqu'elle en ignorait l'origine et ne pouvait même en découvrir les auteurs ou les complices. Elle avait congédié à ce sujet plusieurs domestiques, qui tous étaient partis résignés et soumis plutôt que de parler.

Émilie cependant en devenait pensive et préoccupée. Quoique flattée peut-être intérieurement de ces hommages, elle en était embarrassée; elle ne pouvait deviner par qui ils lui étaient adressés: elle avait été tentée quelquefois de les attribuer à Olivier, qu'elle avait toujours distingué, et dont il était impossible qu'elle n'eût pas un peu remarqué la silencieuse admiration. Mais comment croire qu'il fût réellement occupé d'elle? Elle était plongée dans une inquiétude à la fois douce et cruelle. Ce qui était pour elle un si impénétrable mystère, ne l'était cependant pas pour tout le monde; et la vindicative madame de B., sans cesse occupée de nuire à celui qu'elle regardait comme son ennemi, avait découvert son secret en faisant suivre ses pas. Elle n'eut rien dès-lors de plus empressé que d'en avertir madame de N., et le malheureux Olivier sut, par un billet de madame de B. elle-même, la nouvelle obligation qu'il lui avait. Il fût consterné, et pendant long-temps il s'éloigna des lieux où il pouvait rencontrer celle qu'il recherchait tant autrefois, lorsqu'un jour il reçut d'elle le billet suivant:

,,Je viens de voir madame de B., qui
,,m'apprend, Monsieur, que vous êtes
,,l'auteur de tout ce qui se passe autour
,,de moi. Je ne puis m'expliquer sur
,,l'opinion que j'en veux prendre avant

„d'avoir reçu votre réponse, et de sa-
„voir si l'on m'a dit vrai.“

ÉMILIE de N.....

Olivier, en ouvrant cette lettre, était
préoccupé de mille craintes qui devin-
rent une certitude pour lui dès qu'il
vit le nom funeste de la baronne de B.
Il ne lui vint pas même dans l'esprit
de chercher ce qu'il pouvait y avoir de
favorable dans la réserve de madame de
N. Mais livré à son désespoir, il écrivit
et envoya la lettre qui suit :

„Oui, Madame, on vous a dit vrai,
„et je n'ajouterai pas à mes torts en les
„niant. Madame de B., qui m'a tant
„donné de preuves de sa haine, ne pou-
„vait me porter un coup plus sensible
„qu'en détruisant en un jour tout le
„bonheur de ma vie, celui de vous ado-
„rer sans vous le dire, et d'avoir au
„moins, sur vos sentimens pour moi,
„le modeste bonheur de l'incertitude.

„Depuis que je sais qu'elle vous a parlé
„de moi, depuis que c'est par celle que
„j'aurais voulu le moins choisir, que
„vous est parvenue l'expression de ma
„pensée, et que la vérité vous aura été
„apprise, je ne dois plus conserver
„même une ombre d'espérance, et mon
„malheur est comblé; mais si j'ai pu
„vous déplaire, je me punis assez en
„m'éloignant sans retour.“

OLIVIER de R....

Cette lettre fut suivie de cette réponse
de madame de N....

„La franchise de votre aveu me don-
„nerait une nouvelle preuve de votre
„loyauté, si j'avais pu en douter un seul
„instant. Puisque ce qui s'est passé n'a
„pu être évité, j'aime mieux que vous
„en soyez l'auteur que tout autre. Dans
„tous les cas, ce serait vous punir beau-
„coup trop sévèrement que vous éloigner,
„et comme personne n'a le droit d'être

„plus sévère que moi pour ce qui me
„regarde, vous ne vous imposerez pas
„une punition que je suis bien loin d'exi-
„ger. Je crois en effet que madame de
„B. est une personne malveillante; mais
„je ne me sens pas aujourd'hui disposée
„à la haïr. Dans tout ce qu'elle m'a
„dit, il n'est qu'une seule chose que j'ai
„comprise, et celle-là ne m'a causé nul
„chagrin; seulement, je l'avouerai, j'au-
„rais mieux aimé l'entendre de votre
„bouche que de la sienne."

ÉMILIE de N....

Hélas! cette lettre arriva trop tard;
Olivier, avant de l'avoir reçue, s'était
enfui en proie au plus violent désespoir,
ne confiant le secret de sa retraite qu'à
son fidèle Gervais, et lui ordonnant for-
mellement de ne le pas révéler. Il dé-
fendit même qu'aucune lettre lui fût
adressée, de quelque part qu'elle ar-
rivât.

E

On n'a pu savoir d'une manière certaine quel avait été le lieu de cette retraite ; on a des raisons de croire qu'il s'était rendu auprès d'un frère de son père qui, depuis long-temps, vivait retiré dans un couvent de la capitale, qu'il édifiait par sa piété.

Un mois s'était écoulé lorsqu'il reçut un paquet contenant plusieurs lettres parmi lesquelles il ne remarqua que celles qu'il reconnut pour être de l'écriture de madame de N., et en tête desquelles figurait celle que l'on vient de lire. Les autres avaient été écrites successivement, et la dernière, portant la date de la veille, ne contenait que ces mots, écrits d'une main tremblante : „Olivier, ne vous „verrai-je pas au moins une fois avant....“ La phrase n'avait pas été achevée.

Voici maintenant la lettre qui servait d'envoi et d'explication à ce funeste billet :

„Malgré la défense que M. le Comte
m'a faite, de lui écrire, je croirais être
à blâmer si je ne l'informais pas de ce
qui se passe. Aussitôt que madame eut
reçu la dernière lettre de M. le Comte,
qui annonçait son départ, elle tomba
dans une grande agitation et eut de très-
violens maux de nerfs, après quoi elle
pleura beaucoup et fut toute la nuit
sans dormir, se promenant dans sa chambre en faisant des questions à mademoiselle Séraphine, de qui je tiens tous ces
détails. Le lendemain matin, Madame
me fit appeler auprès d'elle, et moi, ne
doutant pas qu'elle eût tout découvert,
je m'attendais à des reproches de sa part
et à être renvoyé; mais je fus bien surpris quand, au lieu de la trouver en
colère, je la vis bonne et obligeante.
Elle me dit qu'elle savait tout, qu'elle
n'ignorait pas que j'étais à M. le Comte
que j'avais été mis par lui auprès d'elle

mais que loin de s'en fâcher, elle trouvait bon que j'eusse si bien servi un si
bon maître; qu'elle voulait même me le
prouver en m'attachant tout-à-fait à sa
personne, et que désormais je n'aurais
autre chose à faire qu'à aider le vieux
maître-d'hôtel Galbois, pour avoir sa
place quand il ne l'exercerait plus. Depuis ce temps, il ne s'est point passé
de jour sans que, sous différens prétextes,
elle ne m'ait fait venir plusieurs fois
auprès d'elle pour me parler de Monsieur, et surtout pour m'interroger sur
le lieu de sa retraite. Elle me comble
d'attentions et de présens, et me dit que
ma fortune serait faite si je voulais lui
dire ce qu'elle désire, à quoi je n'ai pu
que répondre: ,,Je ne sais pas," puisque
Monsieur l'a voulu ainsi. Mais depuis
quelque temps les choses sont bien chan-
gées. Je ne dirai pas ce que j'ai ordre
de lui cacher, mais je ne puis laisser

ignorer à M. le Comte l'état où est Madame : le chagrin et les veilles l'ont mise dans un état qui devient inquiétant ; elle ne mange plus, ne dort plus, et depuis quelques jours ne sort pas même de son lit. On a fait venir les deux médecins habituels de la maison, M. de Lalouette et M. Vicq-d'Azyr ; mais ils n'ont rien compris à son mal ; seulement M. Vicq-d'Azyr a fait quelques questions qui pourraient faire croire qu'il a des soupçons. Quant à Madame, elle ne veut rien de ce qui lui est prescrit. Elle a fait placer dans sa chambre à coucher tout ce que Monsieur le Comte lui a envoyé, et elle passe son temps à relire la lettre de Monsieur et à parler de lui sans cesse. Je sais tous ces détails par mademoiselle Séraphine, qui a maintenant la plus grande confiance en moi. C'est aussi par elle que je sais le triste état où est Madame, et elle a entendu hier M. Lalouette dire que l'état de la malade donnait des inquiétudes. Monsieur jugera donc si j'ai eu tort d'enfreindre sa volonté en lui écrivant. Je crois que Monsieur, en me donnant ses ordres, n'a pas prévu ce qui arrive et ne me désapprouvera pas."

GERVAIS.

Lire ces lettres et arriver chez madame de R. fut pour Olivier l'espace d'un instant. Grâce à l'intelligente adresse de Gervais et de Séraphine qui parvinrent à écarter tout le monde, il est bientôt auprès du lit d'Emilie qu'on avait aussi pris le temps de prévenir pour lui épargner la première émotion. Lorsqu'elle eut tourné ses regards vers Olivier, ses beaux yeux se fixèrent un instant sur lui avec une espèce d'étonnement immobile, comme si elle faisait un songe. Saisie d'un tremblement général, elle paraissait respirer à peine,

quand tout-à-coup et avec une espèce
de mouvement convulsif, elle s'écria:
„C'est lui!“ et elle retomba sans con-
naissance. Olivier, rempli d'effroi, se
hâta d'appeler des secours, et regardait
dans une anxiété stupide les soins qu'on
lui prodiguait, craignant que cette révolution n'eût été trop forte pour elle,
lorsque soudain elle ouvrit les yeux;
sa poitrine qui semblait oppressée parut
soulagée par des soupirs qui n'avaient
plus rien que de doux; puis après avoir
versé d'abondantes larmes, elle se re-
tourna vers Olivier, et lui prenant la
main avec transport, elle s'écria de nouveau: „C'est lui!“

Depuis ce moment la santé d'Émilie
se rétablit comme par enchantement, et
les médecins, qui en avaient désespéré,
convinrent que la nature avait fait un
effort, dont l'effet confondait leur intelligence et leur savoir. Elle ne conserva

plus de ses maux qu'une légère pâleur, qui est souvent un charme de plus dans une belle personne, surtout aux yeux de celui qui l'a causée.

Olivier, dont la timidité avait été enfin vaincue, jouissait de son bonheur, mais avec discrétion, et de manière à le dérober à la jalouse curiosité du public. Il se montra d'abord rarement chez madame de N.; mais bientôt, entraîné par un irrésistible attrait, il rendit ses visites plus fréquentes et plus longues; puis enfin il s'en fit une telle habitude, qu'un seul jour ne se passait pas sans qu'il allât au moins une fois à l'hôtel de N.

Quelque soin qu'il eût pris et cru prendre, ces assiduités furent bientôt connues. On racontait même déjà toutes les circonstances de cette liaison, ce qui s'était passé pendant la maladie, et jusqu'aux particularités les plus secrètes.

Il n'est rien de long-temps caché dans
une société où la conversation est le
principal emploi du temps, j'allais dire
la principale affaire.

Parmi ceux qui s'employaient le plus
à accréditer ces bruits, on distinguait
surtout madame de B., qui, sous la cou-
leur d'un vif intérêt pour madame de N.,
et sous le manteau d'un zèle affecté, allait ainsi détruisant de son mieux sa
réputation.

Ce n'est pas tout : cette charitable
personne vint un matin trouver madame
de N., et lui parla à peu près ainsi :

„Eh! mon Dieu, ma chère! que de-
„venez-vous, je vous prie? Comment ce
„fait-il qu'on ne vous voie plus nulle
„part? Comment vous bannissez-vous
„ainsi de la société dont vous faisiez
„l'ornement? — Et qui donc serait as-
„sez bon pour l'avoir remarqué? — Mais
„croyez-vous qu'il vous soit permis de

„disparaître ainsi impunément, et que
„votre absence puisse être une chose
„indifférente? — Le monde ne s'occupe
„certainement pas de moi, et les objets
„de distraction sont trop nombreux pour
„qu'il daigne seulement s'appercevoir de
„l'éloignement d'une pauvre recluse, qui
„n'y a toujours tenu que très-peu de
„place. — Détrompez-vous, ma chère; si,
„comme je n'en puis douter, votre mo-
„destie est sincère, elle est certainement
„aussi fort exagérée. — Mais ne sait-on
„pas que le soin de ma santé?... — Cette
„excuse serait de toutes la moins ad-
„mise, et votre seule vue ne lui laisse
„aucune valeur. Tenez, faut-il que je
„vous parle avec la franchise d'une veri-
„table amie? On attribue votre éloigne-
„ment à une cause tout-à-fait autre que
„celle que vous lui donnez. On a re-
„marqué que, ainsi que vous, M. de R.
„ne se montre plus dans la société où

„on le voyait sans cesse alors qu'on
„vous y voyait. Ce rapprochement si
„simple a conduit à des découvertes
„vraies ou prétendues, et l'on a cru
„savoir qu'il venait ici régulièrement
„chaque soir...." (Et la baronne appuyait
sur ces derniers mots, en jetant des regards pénétrans sur Emilie qui baissait
la tête pour cacher sa rougeur.) — „On
„prend trop de soin," dit cette dernière
après s'être un peu remise, „et je suis
„bien touchée de l'intérêt qu'on me té-
„moigne; mais j'avouerai que je trouve
„tant de zèle un peu exagéré. Je crois
„avoir toujours été assez soigneuse de
„mes devoirs pour n'avoir à n'en être
„avertie par personne." — „C'est préci-
„sément votre bonne conscience qui vous
„rassure et qui peut vous perdre; c'est
„parce que je vois que la sécurité dans
„laquelle vous êtes pourrait devenir
„pour vous écueil, que j'ai cru devoir

„vous le signaler. C'est toujours un
„soin pénible à prendre que celui qui
„m'attire auprès de vous, et il a fallu
„toute la ferveur de mon amitié pour
„me déterminer à cette démarche dont
„tous les inconvéniens sont pour moi
„seule; veuillez donc m'écouter, et vous
„me jugerez ensuite.

„Vous aimez M. de R., Emilie... —
„Mais qui peut vous l'avoir dit, et qui
„peut avoir ainsi le droit de scruter les
„secrets sentimens de mon cœur? —
„N'entreprenez pas de le cacher, ma
„chère, vous aimez M. de R. Je vous
„le répète, j'en ai la preuve; je sais
„aussi qu'il vous adore; je sais tous les
„soins qu'il vous rend, et malheureuse-
„ment d'autres que moi, sans être si
„bien informés, en ont appris sur cela
„plus qu'il ne conviendrait. Comme on
„n'ignore pas qu'il est depuis long-
„temps fort assidu, on commence à se

„demander, sans douter un moment que
„ses hommages aient un but honorable,
„pourquoi il ne s'est pas encore déclaré.
„Je n'exige pas de vous une réponse;
„et j'irai au devant de l'embarras où
„vous pourriez être de me la faire. Je
„ne viens pas non plus vous signaler
„le mal sans vous apporter le remède;
„je veux vous tirer de l'embarras où
„vous êtes sans vouloir en convenir, et
„ce moyen est infaillible.‟

Ici l'attention d'Emilie redoubla; son
humeur première parut se dissiper un
peu, et par un mouvement involontaire,
elle rapprocha son fauteuil de celui de
madame de B.

„Je connais Olivier, ma chère! je
„connais son esprit incertain, et jamais
„il ne pourra prendre de résolution si
„vous ne l'y forcez par quelque moyen
„extrême, si vous n'intéressez son hon-
„neur en lui donnant la preuve qu'il a

„compromis le vôtre. Il faut donc qu'il
„sache ce que le monde dit; il faut que
„vous l'en informiez vous-même; bien
„plus, qu'il en ait la preuve. Vous hé-
„sitez, et vous craignez, je le vois, de
„mettre un tiers dans cette confidence;
„mais j'ai tout prévu, et vous verrez
„que l'expédient que je vous propose
„d'adopter n'offre que des avantages
„sans dangers. Je comprends votre em-
„barras relativement au choix de la
„personne que vous pourriez charger
„de cette mission délicate; aussi faut-
„il que ce soit une amie sur laquelle
„vous ne puissiez pas même avoir l'om-
„bre d'un soupçon, et je n'hésite pas à
„me proposer moi-même pour vous ren-
„dre ce service. Lorsque M. de R. vien-
„dra ce soir, selon son usage, laissez-
„moi seulement arriver jusqu'à l'une
„des pièces voisines de ce boudoir; je
„vous promets de ne pas me montrer à

„lui; mais je ne doute pas que, dans la
„soirée même, il ne vous offre sa main,
„et qu'ensuite votre mariage n'ait lieu
„quand vous voudrez: je consens à ne
„vous revoir jamais, si tout ne se passe
„pas ainsi que je vous l'indique."

Ici l'on annonça une visite; la baronne se hâta de saisir un autre sujet
de conversation, et sans avoir reçu ni
un consentement ni un refus, elle sortit, laissant la pauvre Émilie dans une
perplexité inexprimable.

„Forcé d'interrompre ce récit pour
parler de moi, j'en éprouve un regret
véritable, car l'incident que je vais ra-
conter, quoique fort peu important en
apparence, a cependant eu, je le crains
trop, une influence directe sur la destinée de deux êtres, dont l'un surtout
m'était si cher: je l'avais ignoré jusqu'au moment où j'ai connu les faits

racontés dans cet écrit, je voudrais pouvoir l'ignorer encore.

„C'était moi en effet de qui l'on venait d'annoncer la visite. J'avais eu
autrefois une soeur qui était, à l'abbaye
de Chaillot, l'amie particulière de madame de N., et qui, plus à plaindre ou
plus heureuse qu'elle, n'en était pas sortie. Ma chère Eugénie était morte au
couvent à l'âge de 16 ans, et mademoiselle Émilie de Surville avait raporté
sur moi une partie de l'affection qu'elle
avait pour sa compagne. Aussi je l'ai-
mais à mon tour comme une tendre soeur;
ses intérêts m'étaient aussi sacrés que
si elle m'eût été unie par les liens du
sang.“

„Averti par quelques discours que
j'avais recueillis, et aussi par mes pro-
pres réflexions, de tout ce que sa nouvelle position commençait à avoir de
faux, je venais pour lui offrir plutôt

encore de l'amitié que des conseils, et chercher avec elle ce qu'il pouvait y avoir à faire dans la situation où elle était; je la trouvai plus que préparée à ce que j'avais à lui dire par la conversation qu'elle venait d'avoir avec la baronne de B. Tout en me félicitant de ce que j'étais ainsi délivré de la partie la plus pénible de ma négociation, je regrettais pourtant d'avoir été devancé par une personne dont le caractère ne m'avait jamais convenu; je ne pus cependant m'empêcher d'être, cette fois, de son avis, et de convenir que le mariage ne pouvait se différer plus long-temps; que c'était à madame de N. à informer la première M. de R. de tout ce qui se passait, de façon à l'amener lui-même à se déclarer sans retard."

C'était un soir du mois de juin; c'était à ce moment si doux qui n'est plus le jour, mais qui n'est pas la nuit encore; alors le calme silencieux de la nature n'est troublé que par une brise favorable, et par cette espèce de frémissement joyeux que fait entendre l'oiseau sous le feuillage, comme l'insecte léger sous ses gazons. Ce repos, ce bien-être universel semblent se communiquer à tout ce qui respire, et disposer le coeur à toutes les émotions en le plaçant dans cette disposition rêveuse qui l'enlève en quelque sorte à la terre, et à laquelle il est comme impossible de s'arracher.

Émilie était dans ce boudoir qu'elle aimait tant, dans ce boudoir que chaque jour elle avait soin de parer elle-même des plus belles fleurs, des plus riantes peintures et de toutes les recherches de ce luxe ingénieux; par lequel le goût et la mode s'efforcent de cacher l'utilité sous la grâce.

Assaillie par mille pensées confuses, elle repassait tout ce qui lui avait été dit : elle était plongée dans un vague à la fois doux et cruel que dominait le souvenir d'Olivier, mais accompagné maintenant de craintes, de défiances qu'elle n'avait jamais connues et qui bouleversaient son esprit depuis qu'on les y avait éveillées.

Olivier arriva. Il remarque bientôt la préoccupation d'Émilie, quelque soin qu'elle prît pour la déguiser. Il l'interrogea avec une tendresse inquiète, avec une sollicitude mêlée d'effroi, et il ne lui fut pas difficile de l'amener à avouer quelle était la cause de son ennui.

„Mon cher Olivier, lui dit-elle, ras„surez-moi; aucun malheur ne vous me„nace; mais une pensée m'oppresse, et „je ne saurais plus long-temps la ren„fermer dans mon sein. Notre mutuelle „tendresse est pour chacun de nous le

„trésor le plus précieux: pourquoi donc,
„dites-moi, n'êtes-vous pas plus soig-
„neux d'un bien qui vous appartient,
„pourquoi laissez-vous ma réputation
„exposée à des doutes injurieux? — Et
„qui oserait jamais.... — Calmez-vous,
„mon ami, ce n'est pas la malveillance
„que nous devons accuser; je ne puis
„méconnaître l'intention des avis qui
„m'ont éclairée; personne, d'ailleurs, n'au-
„rait pu m'en dire à cet égard plus que
„je ne m'en dis moi-même maintenant.
„Et comment avons-nous pu nous aveu-
„gler ainsi tous deux? Comment avons-
„nous pu penser qu'un monde désoeuvré
„et jaloux consentît pour nous seuls à
„fermer les yeux à l'évidence? Croyez-
„vous qu'après m'avoir toujours été si
„favorable, il ne me deviendrait pas
„bientôt sévère, et que cette bonne ré-
„putation qui a été jusqu'ici pour moi
„un rempart, pourrait l'être bien long-

„temps encore? Je vous aime, Olivier,
„comme vous m'aimez, et je voudrais
„pouvoir trouver des paroles plus fortes,
„s'il en est; mais mon honneur, mon
„honneur seul, m'est plus cher que tout,
„et c'est lui qui me commande ou de
„cesser de vous voir... — Cesser de me
„voir! — Ou bien..... — Achevez. — De
„vous demander le titre de votre épouse.
„— Qu'avez-vous dit, Emilie? quel en-
„nemi de notre repos commun peut
„vous avoir conseillé cette démarche? —
„Quoi! notre mariage... — Il est impos-
„sible. — Eh pourquoi, grands Dieux?
„— Ne m'interrogez pas. — Vous me
„faites frémir."

Ici l'on entendit quelque bruit dans
la pièce la plus voisine du boudoir,
Émilie et Olivier en furent frappés en
même temps, et prêtèrent tous deux
l'oreille; mais ce bruit ayant cessé tout-
à-coup, Olivier continua ainsi: „Rassu-

„rez-vous, Émilie, ce mystère n'a rien
„de terrible que pour moi, mais il le
„deviendrait pour tous deux si vous me
„forciez à révéler mon secret; heureu-
„sement rien ne m'y contraindra, et
„puisque vous avez pu me proposer de
„m'éloigner ou de recevoir votre main,
„je sais le parti que je dois prendre,
„c'est celui que me dicte l'honneur, le
„devoir..... Je n'hésite pas, Emilie, j'au-
„rai peut-être la force de renoncer à
„vous. — Olivier! Olivier, qu'avez-vous
„dit? Vous est-il donc plus facile de
„me quitter que de vous unir à moi par
„le seul lien.... — Unis; unis pour ja-
„mais! nous, Émilie! Ah! si toujours
„je me fis une idée charmante du ma-
„riage, c'est avec vous qu'il eût été la
„suprême félicité: si je n'en croyais
„que mon coeur, si je ne vous préférais
„mille fois à moi-même.... — Parlez. —
„Non, non, repoussons cette idée; si

„c'était toute autre qu'Emilie...; mais
„vous, vous! — Et vous m'aimez? — Si
„je ne vous adorais pas... mais l'amour
„n'existe-t-il donc que dans les chaînes
„du mariage, et personne ne compren-
„dra-t-il jamais un sentiment qui soit
„pur sans être commandé? L'honneur
„ne permet-il pas d'adorer les vertus,
„parce qu'elles sont dans un autre sexe,
„parce qu'elles sont réunies à la grâce
„et à la beauté? Me défend-il donc d'ai-
„mer en vous ce qu'il me serait permis
„d'idolâtrer si ces blonds cheveux avaient
„déjà blanchi; si quelques rides cou-
„vraient ce beau visage? Mais vous l'a-
„vez dit, l'honneur le veut, il faut
„obéir, vous quitter. — Eh quoi! cette
„résolution vous est-elle donc si facile?
„— N'est-ce pas vous qui me la dictez?
„— Pouvez-vous si tranquillement vous
„y soumettre? — Vous ne savez pas
„tout ce que cet arrêt cruel a soulevé

„dans mon sein de passions et d'orages.
„Parce que je vous en épargne le spec-
„tacle, vous croyez que je n'en suis pas
„agité: craignez de combler la mesure
„de ma résignation et de mon courage;
„craignez les transports où pourrait me
„porter un aveugle désespoir. — Quels
„regards vous jetez sur moi, Olivier:
„votre air et vos discours me font
„trembler! — Hélas! qu'ai-je pu dire?
„Rassurez-vous, Emilie: qui, moi, moi
„vous inspirer de l'effroi! oh! non, je
„suis trop malheureux pour être à crain-
„dre...... pour vous, au moins. — Eh
„bien! pardonnez-moi si je vous ai af-
„fligé, mon ami; tout au monde plutôt
„que de vous voir si malheureux. —
„Généreuse amie! — Je remets en vos
„mains le soin de notre commune desti-
„née, car je n'imagine pas qu'elle puisse
„être séparée. Laissons les méchans et
„les jaloux blâmer un bonheur qu'ils

„envient et ne pas croire aux vertus
„qu'ils n'ont pas. Contentons-nous du
„témoignage que nous nous rendons, et,
„plus l'épreuve aura été difficile, plus
„elle aura de mérite auprès du seul juge
„équitable de toutes les actions des
„hommmes.

     „—Et rassurons-nous aussi sur nous-
„mêmes, Émilie: quelle conscience au-
„rait le droit de s'alarmer de ce qui
„n'aura pas inquiété la vôtre? — Mes
„réflexions l'avaient troublée; vos pa-
„roles ont dissipé toutes mes terreurs.
„— Si ma tendresse respectueuse n'a pas
„un seul instant effrayé votre craintive
„innocence, que pouvez-vous redouter
„de moi à l'avenir? — L'avenir!.... eh!
„qui peut le connaître! Quel courage
„doit se croire éternellement plus fort
„que le danger! — Quel danger peut
„nous menacer si nous nous aimons tou-
„jours! Que pourrait l'avenir avoir pour

„nous de plus redoutable que le passé!—
„Je ne sais, mon ami; je ne puis expri-
„mer ce que j'éprouve, parce que cet
„état est nouveau pour moi; mais une
„inquiétude indicible m'agite et me tour-
„mente, même auprès de vous. Lors-
„que vous êtes éloigné, quelque chose
„me manque, et c'est vous; lorsque vous
„êtes auprès de moi, mon âme est heu-
„reuse, ravie, enivrée; pourtant il me
„semble que quelque chose me manque
„encore, et cependant vous êtes là.

„—J'aime donc mieux, ou du moins
„autrement que vous, Émilie; car, pour
„moi, tous mes voeux, tous mes désirs
„sont concentrés dans cette enceinte,
„Vous voir, vous contempler, vous ado-
„rer, voilà mon bien-être, mon avenir,
„ma vie. Je ne veux, je ne comprends
„pas d'autre félicité sur la terre; je n'en
„imagine pas même une autre dans les

„cieux. Ah! si des pensées coupables
„ont pu tromper mon esprit et ma rai-
„son, c'est loin de vous, c'est quand je
„puis oublier que vous vous êtes confiée
„à moi. Oui, je l'avouerai, souvent alors
„j'ose former des voeux extrêmes; rien
„ne contient plus l'effervescence de mes
„désirs. Parfois le délire de mon ima-
„gination me rend téméraire, audacieux
„criminel peut-être..... Mais, ô charme
„touchant de l'innocence et de la vertu!
„un seul de vos regards apaise le tu-
„multe de mon coeur: vous êtes pour
„moi une nature céleste que les passions
„humaines ne sauraient atteindre. Pé-
„risse celui qui pourrait troubler votre
„sérénité pudique et votre confiante sé-
„curité. Je ne voudrais pas d'une éter-
„nité de bonheur qui pourrait vous ar-
„racher une larme. Mon amour peut
„me donner la mort, mais jamais il ne
„fera rougir celle qui l'inspire, jamais

„il ne lui coûtera un regret ou un re-
„mords.

„— Vous me rassurez, mon ami; je
„vous rends grâces d'éclairer, de guider
„ainsi ma faible raison; car cette tran-
„quillité qui naît d'une juste confiance
„dans soi-même, je l'admire plus que je
„ne l'imite; je me sens plus de force
„pour fuir le péril que pour y résister
„quand je l'affronte. Lorsque je suis
„loin de vous, ma volonté reprend tout
„son empire, et votre souvenir me charme
„sans me troubler; mais dès que je vous
„vois, je sens toute ma faiblesse, et je
„ne crains pas de l'avouer. Lorsque je
„suis ainsi près de vous, seule, dans
„cette retraite, mes pensées, mes réso-
„lutions changent en un instant. Il
„n'est pas, alors, jusqu'aux objets ex-
„térieurs qui n'ajoutent encore à mes
„sensations, et ne portent dans mes sens
„une langueur que je redoute et que

„j'aime. Le recueillement silencieux de
„cet asile, cet air si pur qui nous ap-
„porte les vapeurs embaumées du soir,
„les fleurs qui remplissent ces corbeilles,
„et qui, près de mourir, semblent ex-
„haler des parfums plus doux; et plus
„que tout encore, Olivier, l'émotion
„que j'éprouve en ce moment.... croyez-
„vous, mon ami, que tout cela soit et
„puisse être toujours sans dangers?
     „—Emilie, celui que n'a pas égaré
„le charme enchanté de vos regards, vos
„paroles si pénétrantes, cette main que
„j'ai saisie pour la première fois, et
„dont l'étreinte répond délicieusement à
„la mienne, ces regards remplis de flamme,
„d'amour et de bonheur.... — Olivier,
„ne me regardez pas ainsi; ces transports
„me font mal; ils sont comme un feu
„subtil, comme un poison qui court
„dans mes veines et me consume. — C'est
„le même feu qui me dévore. — Pour-

„quoi mon coeur bat-il avec cette vio-
„lence? il me semble qu'il est prêt à s'é-
„chapper de mon sein. — Voyez si le
„mien bat moins vite, Emilie. — Oli-
„vier! Olivier! je frissonne et je brûle,—
„Laissez-moi soutenir cette tête languis-
„sante; laissez-moi retenir ces beaux
„cheveux, recueillir votre souffle em-
„baumé; laissez-moi.... — Olivier! dis-
„posez de mon sort, de ma vie, de mon
„âme; je me confie, je m'abandonne à
„toi...."

Ces derniers mots étaient à peine
prononcés, qu'un bruit, semblable à un
éclat de rire, retentit soudainement dans
la chambre où déjà l'on avait cru entendre quelque mouvement. Frappés en
même temps de stupeur, et comme s'ils
eussent été réveillés tout-à-coup après
un songe pénible, Olivier et Emilie
restaient muets d'étonnement, quand
tout-à-coup Olivier, d'une voix altérée:

„— Quel bruit a retenti deux fois près
„de nous, dans cette chambre, à cette
„porte? — En effet, un frisson mortel
„a glacé mes sens. — Il m'a semblé que
„c'était le rire des démons; mais qui
„peut se trouver ainsi dans cet apparte-
„ment à cette heure?

„— Dieu de bonté! s'écria Émilie avec
„effroi et comme si elle retrouvait tout-
„à-coup la mémoire; je tremble d'avoir
„deviné... Hier, une personne.... — De
„grâce, Émilie, achevez... — Par intérêt
„pour moi.... — Mais qui donc? — Ma-
„dame de B. — Quoi, madame de B.
„dans cette maison! — Dans cette cham-
„bre. — Elle aurait écouté! — Hélas!
„je le crains trop..... — Malédiction!"
s'écria Olivier avec fureur, et s'élançant
tout-à-coup vers la porte, il s'apprêtait
à l'ouvrir avec force lorsqu'on entendit
le bruit d'un verrou qui la fermait;
alors il s'arrêta comme pétrifié, sans

pouvoir prononcer une parole. En vain
Emilie voulait elle l'arracher à ce som-
bre silence, il ne le rompit enfin que
pour prononcer d'un ton solennel ces
mots où, malgré une apparente résignation, respirait un courroux concentré: „Vous me parliez de mariage, Emilie,
„et dans votre intérêt j'en éloignais l'i-
„dée; maintenant c'est dans cet intérêt
„même que je le demande à mon tour.
„J'ignore si ce qui arrive est fortuit ou
„l'effet d'une machination infâme.... —
„Olivier.... — A laquelle vous êtes étran-
„gère, Emilie, mais où je reconnaîs toute
„la fureur du mauvais génie qui s'attache
„à mes pas: quoi qu'il en soit, on l'a
„voulu, eh bien! oui... nous serons unis.
„— Dieux! de quel air me dites-vous
„cela? — Il le faut maintenant, votre
„honneur l'exige autant que le mien.
„Comme cette intrigue infernale va porter
ses fruits, comme mille discours mé-

„chans ne manqueront pas de se répan-
„dre, il faut que, dès demain même,
„notre mariage soit proclamé, et il le
„sera." A ces mots il sortit, laissant
la malheureuse Emilie éperdue et presque mourante.

Pendant que tout égaré et cherchant
à s'échapper par de secrets chemins, il
traversait les longs corridors sombres
de l'hôtel de Nanteuil, il entendit auprès de lui le frémissement d'un vête-
ment féminin, et ces mots furent distinc-
tement prononcés à son oreille: „Je suis
vengée d'elle et de vous."

Le lendemain le mariage fut annoncé
partout; et après les délais exigés pour
l'accomplissement de toutes les forma-
lités, il eut lieu à la terre de Serpigny,
appartenant à M. de R., le matin du 15
juillet 1780.

G

Le soir même, le nouvel époux disparut, laissant pour la nouvelle comtesse de R. la lettre que voici:

„Je suis le plus malheureux des hommes, Émilie, car je vous quitte, et ces lignes sont un adieu... éternel peut-être... au moins en cette vie.

„Si, comme j'ai trop lieu de le craindre, vous devez connaître un jour les motifs de ma fuite, vous la comprendrez. Si, ce que je n'ose espérer, vous pouvez les ignorer toujours, vous devrez croire qu'ils sont bien impérieux, puisqu'ils me forcent à renoncer à tout ce qu'il y a au monde de plus doux, la vertu, la grâce et la beauté. Rien ne saurait adoucir la douleur du sacrifice que je m'impose, si je n'emportais la consolation de penser que c'est pour vous, que c'est à vous qu'il est fait. Vous l'auriez refusé sans doute, car vous êtes généreuse... mais je ne veux la pitié de personne: pas même la vôtre. Je ne voulais que votre tendresse, que votre amour, et je pars pour les conserver.

„Mon nom est maintenant le vôtre; mais avant qu'un mois soit écoulé, notre mariage sera rompu... Vous serez libre... libre même de former un nouveau lien. Vous seule cependant saurez quelle est ma destinée, et vous serez maîtresse de n'en révéler que ce que vous voudrez qu'on en apprenne. Vous pourrez donc ainsi porter mon nom, ou reprendre celui que vous avez eu jusqu'ici. Le dirai-je, pourtant? Il me semble que ce n'est qu'en prenant le nom de mon épouse, que vous pourrez répondre à l'empressement curieux de la société, et expliquer mon départ d'une manière qui soit convenable? croyez, toutefois, que votre intérêt seul me dicte ces réflexions, et non pas le vain soin d'un nom qui n'est pas peut-être sans quelque gloire,

qui se serait illustré en devenant le
vôtre, mais qui doit, hélas! mourir avec
moi tout entier.

„J'ignore comment j'ai eu assez de
force pour tracer des lignes. Je ne l'es-
pérais pas en les commençant; mais le
terme de mon courage est arrivé. Mon
coeur se brise, ma vue se trouble, ma
main tremble et ne peut plus former
que des caractères illisibles. C'en est
fait, cette épreuve est plus forte que
mon courage: mes larmes s'échappent,
Emilie! elles couvrent ce papier, et puisqu'elles arrêtent ma plume malgré moi,
qu'elles soient mon dernier interprète,
et vous disant tout ce que j'éprouve,
mieux que ma main n'eût jamais pu
l'exprimer. Adieu, chère et toujours
plus chère Emilie, adieu pour la dernière fois, adieu pour jamais.“

A cette lettre était joint un paquet
adressé à M. Pluvinet, avocat au parle-

ment, et contenant entre autres papiers la pièce qui suit:

„D'après les conseils mêmes que vous m'avez donnés, mon digne ami, voici les arrangemens que je fais pour ma fortune. Je vous donne les pouvoirs les plus généraux pour en faire de mon vivant l'emploi suivant: ces dispositions seront mon testament après ma mort.

„Comme votre bien est assez grand pour vos goûts simples, je ne vous offrirai qu'un modeste souvenir de ma bonne et ancienne amitié; c'est ma bibliothèque formée par mon père, et la montre de Berthoud que je tenais de ma mère.

„Je donne aux pauvres de la paroisse de Saint-Louis des Invalides quatre mille livres de rente perpétuelle, et mille livres à M. Comte, son digne curé, auquel je demande de prier Dieu

pour mon père, pour ma mère et pour
moi.

„Je donne cent louis de rente viagère
à l'abbé Géraud de l'Oratoire, mon an-
cien précepteur.

„Je donne tout mon mobilier à Gervais, et j'y ajoute cent pistoles de rente
perpétuelle.

„Je donne à mon régiment une assig-
nation de trois cents pistoles de revenu,
sur la ferme général, pour les familles
des soldats morts ou blessés, et pour
l'instruction des enfans de troupe.

„Je donne à mon ami César de
Saint-H., s'il revient, le produit de ma
terre de Bellevue, en Picardie; en at-
tendant son retour, le revenu en sera
distribué aux pauvres du pays.

„Je réserve pour moi la rente de deux
cents pistoles, dont le capital, ainsi que
celui des présentes fondations qui ne
sont pas perpétuelles, reviendra après

moi à l'abbaye de.... (ce nom n'était pas rempli.)

„Tout le reste de ma fortune appartient à madame Emilie de Nanteuil née de Surville, aujourd'hui comtesse de R.

„Paris, 15 juillet 1780."

Le 7 août suivant, M. Pluvinet apporta à madame de R. un acte en forme régulière et contenant ce qui suit :

„Nous A. E. Rousselot, frère Hilarion, procureur de l'ordre royal, militaire et régulier de Notre-Dame-de-la-Mercy, au nom de R. R. Dom Torrès de la Navarra, général et grand-maître du dit ordre, déclarons que M. le comte Louis Olivier de R. a prononcé aujourd'hui des voeux solennels dans celui des couvens de l'ordre situé à Paris, rue du Chaume, au Marais. Il a pris le nom de frère Emilien."

„Un mariage non consommé, quoique
„valablement contracté, est résolu de
„plein droit par l'entrée en religion de
„l'une des parties dans un monastère
„approuvé. Dès que l'un des époux c'est
„engagé par des voeux solennels, celui
„des deux époux qui reste dans le
„monde peut contracter un nouveau
„mariage.“

(POTHIER, JOUSSE, DENISART.)

FIN.